LES EFFETS

DU MOUVEMENT

OU

OTE-TOI DE LA, QUE JE M'Y METTE!

PARIS,

IMPRIMERIE DE P. DUPONT ET G. LAGUIONIE,

RUE DE GRENELLE-SAINT-HONORÉ, 55.

1832.

LES EFFETS

DU MOUVEMENT

OU

OTE-TOI DE LA, QUE JE M'Y METTE!

De tout temps, en France, on a frondé l'autorité, même lorsqu'elle restait dans les bornes de la justice. Il y a dans le cœur de l'homme un sentiment d'envie qui le porte à se plaire aux traits lancés contre ceux qui lui sont supérieurs par la fortune, l'esprit, leur succès ou leur rang dans la société. L'amour de l'égalité est le résultat de cette passion qui dans les individus touche à la bassesse, ou aux sentimens élevés de l'émulation, et dans les masses conduit aux perturbations politiques.

On conçoit que dans l'altération qu'ont subie nos mœurs, nos habitudes, dans les soins qu'on a pris d'entretenir cette jalousie, dans les circonstances de la révolution où l'on s'est efforcé, pour arriver à une désastreuse république, d'avilir tous les genres de grandeur et de tout niveler,

sur la place de la Concorde, sous le fer des bour-
reaux, on conçoit, dis-je, que l'on parvienne à ne
plus rien respecter , ni les hommes ni les choses, et que chacun émettant son opinion hostile
aux chefs de l'état, on ait flatté la multitude en
brisant par morceau le piédestal qui les tenait
élevés.

Les hommes sages redoutent ces chutes qui
écrasent une nation et la laissent abandonnée au
choc de toutes les passions les plus destructives,
jusqu'à ce que le besoin de l'ordre relève ce que
l'on a abattu, peut-être, pour le détruire encore,
Ainsi des ames inquiètes , exaltées ou ambi-
tieuses, nous portent à dédaigner le bien dont
nous jouissons pour courir après la chimère du
mieux qui a dès bornes dans l'imperfection humaine.

Qui n'a pas rêvé dans sa jeunesse le bonheur
d'un pays gouverné par un prince éclairé sur les
intérêts de ses peuples, doux, pacifique, aimant
les arts, donnant l'exemple des vertus domesti-
ques, populaire, affable, instruit, éloigné des
plaisirs et sacrifiant tous ses momens à la tranquillité, à la félicité publique? Eh bien! ce rêve
s'est réalisé, ce vœu s'est accompli. . . . .
Et cependant nous en sommes venus au point de
faire un crime au prince qui nous gouverne de
toutes les qualités qui le distinguent et que nous

avions rêvées dans nos pensées du bonheur général. On voudrait maintenant un roi fainéant ou inhabile. On décrie ce dont on devrait le louer. On le blâme de ce qu'il travaille avec ses ministres, et préside ses conseils. Il faut à certains hommes un roi soliveau sur lequel puisse venir croasser à son aise la race des grenouilles.

Mais c'est en vain qu'on invoquera toutes les subtilités de la polémique ; on ne parviendra jamais à prouver à un homme de bon sens qu'il doit être interdit au chef de l'état de gouverner. A qui appartiendra-t-il donc de donner la direction au gouvernement ? les ministres ne doivent-ils pas agir d'après les ordres du prince ; ou bien, seraient-ils les maîtres de disposer à leurs caprices des intérêts de l'état ? Non, ils ne sont que les exécuteurs de la volonté du roi ; seulement, si le prince voulait s'emparer d'un pouvoir que la loi lui refuse, et violer *à son profit* les constitutions de l'état, c'est alors aux conseillers du trône à résister à la volonté souveraine. Aucun acte du pouvoir ne devant avoir d'exécution sans la signature d'un ministre, c'est à lui de refuser cette espèce de sanction dont il prend toute la responsabilité.

Établir en principe que le roi ne doit pas

présider le conseil des ministres me paraît une véritable anomalie. Quelle maxime que celle qui énoncerait qu'il ne doit avoir non-seulement aucune influence dans ses conseils, mais qu'il faut qu'il y soit parfaitement étranger! il régnerait et ne pourrait pas gouverner! Cependant les affaires qu'on traite au conseil sont les siennes, puisqu'elles sont celles de son peuple; et pourtant si les ministres voulaient agir dans un sens contraire aux intérêts de la nation, la faculté de s'y opposer lui serait interdite! une pareille assertion ne peut supporter le plus mince examen.

Cependant quelques journalistes dont le talent ne peut être contesté soutiennent ce système singulier, le présentent sans cesse, et sous tous les aspects, à leurs lecteurs avec une apparente bonne foi. A la faveur de quelques assertions hasardées dont ils ont fait des principes, ils ont trouvé de nombreux échos, qui s'en vont répétant machinalement, qu'il est abominable, inconstitutionnel qu'un roi s'occupe des affaires de la nation, et que la patrie est perdue, s'il ne s'endort pas dans un grand fauteuil à bras, ou s'il ne va pas tous les jours à la chasse.

Il était naturel de penser que dans un pareil système on devait trouver des conséquences autres que celles qu'on livre au commun des lecteurs. Il ne faut pas une grande pénétration pour s'apercevoir qu'un moyen d'amener une révolution, c'est de discréditer les institutions existantes, et qu'en déclarant en principe que les fonctions du chef de l'état doivent être d'une stricte nullité, on arrivera facilement à l'idée qu'on peut s'en passer; alors il ne faudra plus que des ministres ou des journalistes qui dirigeront ou formeront le conseil, et des républicains qui sacrifieront à ces nouvelles idoles jusqu'à ce qu'elles soient remplacées par d'autres fétiches qui seront bientôt aussi brisées.

C'est dans le même sentiment et le même but que l'on déblatère contre la Chambre des pairs, son organisation et son personnel. On ne se souvient plus des services qu'elle a rendus, et de son opposition à des lois funestes, à une époque où ce corps, jouissant de tous les avantages de sa première création et de sa position élevée, semblait devoir, par quelques préjugés de l'ancien ordre de choses, tenir plus à se rapprocher des volontés de la cour qu'à prendre l'allure démocratique de l'opposition.

On veut que, se conformant en tout point aux opinions de la Chambre élective, elle renonce à ses propres convictions et à son indépendance. Ainsi, cette institution qui doit servir de contrepoids aux agitations de l'élément populaire, et aux envahissemens du pouvoir, ne serait plus, aux yeux de la France, qu'une machine inutile ou dangereuse; car si elle obéissait aux impulsions de la Chambre élective, elle ne servirait à rien; et si elle y était opposée, on la dirait hostile et criminelle.

Voilà comment raisonnent les partis, voilà comment opèrent les passions et les désorganisateurs. C'est ainsi que ceux qui prétendent être exclusivement les amis de la liberté veulent forcer les volontés et les opinions, et s'élèvent contre la Chambre des pairs, parce qu'elle n'est pas toujours de leur avis. Il faut la dissoudre si elle fait son devoir, et si elle se refuse à la déshonorante condescendance qu'on exige d'elle (1).

---

(1) Je suis loin d'applaudir à une chambre des Pairs qui serait systématiquement opposée à la chambre élective ou au ministère. Je ne suis pas moins contraire à l'opposition systématique de quelques membres de la chambre des Députés. Je ne conçois pas bien cette imitation ridicule des aberrations parlementaires de nos voisins. Comment concilier cette obstination à repousser un projet bon en lui-même, précisément parce que c'est tel ministère qui le présente, comment la concilier avec cette honnêteté de conscience et le désir du bien public dont un mandataire du peuple doit être animé? Il y a dans cette manière d'agir quelque chose de faux, qui blesse la délicatesse. On adopte comme base un fait sur lequel je pense qu'on n'a pas assez réfléchi, et on en fait un principe de direction qu'un esprit juste me semble devoir désavouer.

Cependant les meilleurs esprits ont regardé ce contrepoids comme tellement nécessaire, que dans les États-Unis, qu'on nous donne pour modèles, on a introduit cette institution, tandis que les novateurs ne cessent de la décrier ici, pour arriver plus facilement, sans doute, à une façon de république dont les cerveaux de ces messieurs ont le secret.

Mais ce n'est pas assez d'attaquer le gouvernement dans ses principes constitutifs, il faut le décrier dans ses actes mêmes auxquels la France entière a applaudi. On le blâmait d'employer *les moyens légaux* contre les factieux du Midi, on l'accusait de faiblesse et d'intelligence même avec ses plus mortels ennemis. Aujourd'hui on le blâme des moyens de rigueur que la force des circonstances a nécessités. Les conspirations les plus flagrantes contre la tranquillité publique sont devenues dès lors des élans de patriotisme, et le pouvoir qui les fait punir est un pouvoir oppresseur. Ce sont les coupables qui méritent des égards, et l'on attire la haine publique sur ceux qui ont préservé l'État des plus terribles malheurs.

Des brigands réunis à des imbécilles et à des fous parcourent, les armes à la main, les divers quartiers de la capitale, s'emparent des postes dont ils assassinent les défenseurs...... Ils sont

excusés : et quand , *à l'abri* derrière des barri-
cades, ils tirent sur la garde nationale qui est
à découvert, et qu'ils font tomber de nombreuses
victimes, on les transforme, pour les encourager,
en héros , et ensuite devant la justice , leurs assas-
sinats ne sont que l'effet de l'erreur ; ils ont cru ,
disent les journaux du mouvement, que l'on *voulait opprimer le peuple.* Cette erreur a duré deux
jours et deux nuits ! Et c'est sur le peuple , sur
la garde nationale , sur leurs concitoyens qu'ils
dirigent plus spécialement leurs coups !

Sont-ce des hommes trompés que ces rebelles ,
ces amis de la paix , ces jacobins renouvelés qui,
ayant échappé à la vengeance des lois , disaient
hautement qu'ils recommenceraient bientôt , et
menaçaient les gens paisibles et le pouvoir d'un
nouveau mouvement? Étaient-ce des hommes éga-
rés , de bons citoyens , ces hommes qui, punis
légalement de leurs forfaits bien avérés , insul-
taient à la justice , aux jurés par ces vociférations
séditieuses : *mort à Philippe ! vive la république !*
Étaient-ce de vrais amis de la liberté et des lois ces
hommes qui , à coups de fusil , voulaient imposer
leurs pensées , leurs projets à la France entière ,
qui cherchaient à intimider les juges , les jurés ,
par des lettres anonymes où ils annonçaient des
projets de vengeance pour un avenir de malheurs
qu'ils appellent effrontément de tous leurs vœux ?

Est-ce dans des vues de bon ordre et de légalité qu'ils publiaient le nom et la demeure des citoyens vertueux, obéissant à la loi et à leur conscience dans les fonctions pénibles du jury ? Ah ! si l'état de siège fut nécessaire, c'est à cette époque du 6 juin, où il fallait rassurer les citoyens contre ce débordement de conspirateurs qui déjà avaient essayé leur force et leur mauvais génie dans ces déplorables émeutes, si nuisibles à l'industrie renaissante, si funestes à la classe ouvrière ! Il faut le dire, jamais acte du gouvernement n'a été plus applaudi par la masse des Français dans la capitale et dans les départemens. Il n'y a que les perturbateurs ou leurs complices qui se soient élevés contre cette mesure du moment. Aussi les carlistes, la société des amis du peuple et les ré-publicains, qui tous, comme on sait, sont *furieux de légalité,* semblaient alors des anges de paix, des protecteurs ardens de l'ordre. Les soutiens de l'opposition, qui, *auparavant,* fulminaient contre la faiblesse du gouvernement et les moyens lé-gaux dont il ne se départait pas, se joignaient aussi aux détracteurs furibonds de cette illégalité.

Cependant cette mesure d'illégalité a sauvé le pays. L'effet en a été immanquable. Les conspi-rateurs, si audacieux, se sont cachés, et les hommes dangereux se sont tus. Oui, le pouvoir a sauvé l'Etat. Honneur et reconnaissance au gouvernement!

Sans l'état de siége, aurait-on pu connaître les meneurs de la Vendée, visiter les châteaux, surprendre les correspondances, saisir les magasins de poudre, s'emparer des chefs de bandes, et arrêter les mouvemens de l'Ouest et du Midi, etc.? La preuve du bien qui en est résulté, je la tire des récriminations et des plaintes amères des organes habituels de la contre-révolution, qui a été troublée et désorganisée par les découvertes qu'a amenées cette ordonnance de mise en état de siége. Quel mal en est-il résulté? le pouvoir en a-t-il abusé? n'a-t-il pas déposé cette arme aussitôt que l'effet désiré a été produit?

Passons maintenant du reproche de la déclaration de l'état de siége à un grief autrement important; celui du système du 13 mars.

Par son système de guerre, Napoléon avait assumé sur lui la haine de tous les peuples et les malédictions de la France, et voilà qu'aujourd'hui l'on blâme avec aigreur et indignation le système de paix que veut maintenir Louis-Philippe. Cependant si le premier méritait d'être blâmé, on ne devrait au second que des louanges.

Mais les louanges ne s'accordent aux princes ainsi qu'aux grands hommes que lorsqu'ils ne sont plus. Les zoïles ne manquent pas plus en politique que dans les arts, et quand les passions s'en mêlent, il faut bien se soumettre à entendre soutenir le pour et le contre par les mêmes personnes: l'esprit d'opposition, pour celui qui veut nuire, manque moins son but et convient mieux à la malice humaine.

Il faut n'avoir pas fait la guerre, ni connu les misères qu'elle entraîne, pour la désirer. Les militaires mêmes, à qui seuls elle offre quelques avantages de fortune et de gloire (pour ceux qui survivent), s'en fatiguent et la maudissent souvent, malgré les illusions d'espérance et de vanité qui les entourent.

Mais en vérité je ne puis me rendre compte des motifs qui peuvent déterminer à la guerre des citoyens qui ont besoin de vivre en paix, qui ambitionnent les jouissances de la vie ou qui ont à subvenir par le travail à leurs premiers besoins et à ceux de leur famille. Que nos armées volent de victoire en victoire, quel bien peut-il leur en revenir? auront-ils part aux contributions levées sur l'ennemi? leur patrimoine en sera-t-il augmenté? leurs récoltes en seront-elles plus riches?... Le seul bénéfice qui puisse leur en arriver, c'est la perte d'un père, d'un frère, d'un mari, d'un ami. Ils n'auront que des douleurs à recueillir, des privations à s'imposer, car enfin on n'établit pas d'armée sans impositions extraordinaires, sans armement, sans fournitures de tout genre, sans mille charges et mille vexations.

Si les armées éprouvent une défaite, c'est encore bien pis. L'ennemi entre chez vous et vous rend obligeamment, capital et intérêts, tous les malheurs qu'on a fait pleuvoir sur son pays. Vos femmes et vos filles sont à la discrétion d'une affreuse soldatesque, vos greniers sont au pillage, vos récoltes brisées sous les pieds des chevaux, vos maisons sont incendiées, et votre vie même et celle de vos enfans, de vos voisins sont à la merci d'un caprice ou d'une boutade du dernier soldat.

Mais, dira-t-on, l'honneur du nom français, les humiliations que les États voisins vous font subir, la honte de n'être pas au rang où l'on a vu la France, et la perte de cette influence qui la faisait respecter de toutes les nations ! voilà ce qu'un gouvernement soigneux de sa supériorité et de ses intérêts doit avoir sans cesse en vue, fût-ce même au prix du sang de ses sujets (1).

Sans doute une nation doit être jalouse d'ob-

---

(1) Depuis quelque temps on paraît être devenu très susceptible sur le sens du mot *sujet*. Quelques personnes lui ont donné la signification d'*esclave* et se sont indignés qu'un haut fonctionnaire se soit permis ce mot de servitude. Je crois que ceux qui l'employaient se seraient bien gardés de s'en servir

tenir le premier rang et d'être respectée, sans
doute elle ne doit point se laisser humilier; mais
où sont les humiliations que la France a éprouvées depuis la révolution de juillet 1830? Ne
joue-t-elle pas un des premiers rôles parmi les
nations? quelle avanie a-t-elle reçue? Je vois au
contraire que partout où flotte son drapeau, on
se garde de l'insulter. En Morée, à Alger on res-
pecte le peu de forces qui y sont envoyées. La
Belgique était presque envahie : la présence de
quelques régimens français a arrêté l'armée de la
Hollande. Les lenteurs de la diplomatie pour évi-
ter toute collision qui pourrait amener une guerre
avec la France ne sont-elles pas une preuve de
la haute influence et de la considération que les
princes de l'Europe lui accordent? Notre drapeau
flotte sur la citadelle d'Ancône, 2,000 Français
s'y trouvent isolés, en présence de 30,000 Autri-
chiens et des forces militaires du pape; ils se

---

s'ils eussent cru lui donner cette signification que repousse-
rait tout Français ayant la conscience de sa dignité.

J.-J. Rousseau, qu'on peut consulter comme autorité dans
cette partie des institutions sociales, s'exprime en ces termes
(*Emile*, livre V, tome 4, page 112, format in-12), et quelque
part dans son *Contrat social*.

« Les membres du corps politique eux-mêmes prennent le
nom de *peuple* collectivement , et s'appellent en particulier
citoyens, comme membres de la cité ou participant à l'autorité souveraine, et *sujets* comme soumis à la même autorité.»

maintiennent dans cette position , et jusqu'à présent on a craint de commettre la moindre hostilité contre eux. La France est donc respectée; le nom français est donc en honneur !

Quel est donc le fondement des exclamations d'un certain parti qui nous proclame humiliés, déshonorés? Ce grand mot d'honneur qui frappe si vivement les cœurs français, jamais n'eût dû s'appliquer mieux à la France qu'aujourd'hui. Entourés que nous sommes de nations jalouses de notre existence constitutionnelle, jusques à présent nous avons joui d'une considération telle que les princes voisins, ennemis de nos institutions, dont ils redoutent l'exemple, se gardent bien de nous attaquer. C'est qu'ils savent que la nation française est forte de ses propres moyens, de son patriotisme et de son courage; c'est que dans plus d'une circonstance, ils ont éprouvé ce que peuvent des Français armés pour leur liberté et la défense de leur territoire. Nos nombreuses victoires dont l'Europe a été stigmatisée sont là dans le souvenir des peuples qui en ont été témoins et victimes... Non... il n'est pas vrai de dire que l'honneur français ait souffert la moindre atteinte, et nous saurons en conserver la flamme sacrée.

Serait-ce que des esprits inquiets, ardens ont imaginé que nous devions porter nos armes contre les rois qui se refusent à adopter notre système de gouvernement, et les prévenir au lieu de les attendre ? Ne fallait-il pas bouleverser les nations voisines pour leur imposer notre foi politique et dire, le sabre à la main, à chacun des rois qui les gouvernent *Sois libéral ou meurs !*

Il fallait, dit-on, sauver la Pologne (1), appuyer de nos armes son insurrection et marcher encore une fois sur Moscow ! Tel a été effectivement le premier vœu des Français dans la sympathie et l'admiration que nous causait la plus belle résistance pour la plus juste des causes. Mais le gouvernement a dû être plus sage; il a vu que pour frapper la Russie il fallait auparavant écraser et la Prusse et l'Autriche et la Fédération Germanique. Il a jugé sans doute que la propagande sur laquelle comptaient quelques ames exaltées et entreprenantes ne trouverait pas partout le terrain qui lui convient. Il devait se rappeler le sang versé dans la fameuse expédition de l'empereur, les trésors de l'état épuisés, les mécontentemens de l'intérieur, les tentatives de guerre civile pendant que nos armées s'élançaient sur le territoire ennemi. Le gouvernement cherchait peut-être aussi un Napoléon avec sa gloire et son éclatante re-

(1) L'Angleterre, l'Autriche, la Prusse sont-elles déconsidérées, ont-elles perdu leur influence, leur rang, pour n'être pas venues au secours de la Pologne?

nommée, ses vieux soldats avec leur confiance
et leur dévouement : et cependant, malgré tant
d'objets d'admiration, il ne trouvait pour résultats que les désastres de Waterloo, l'invasion des
étrangers et les calamités de la France pendant
trois ans asservie! Quel exemple!.... quelle
leçon!

Cette terrible situation serait-elle donc pour
les partisans d'une guerre insensée un objet si
attrayant qu'ils voulussent encore courir cette
chance désastreuse? Quel est le Français assez osé,
assez ennemi de son pays pour tenter encore la
fortune des combats lointains , lorsqu'ils n'ont
pour but que de satisfaire quelques idées cheva-
leresques et de s'élancer dans une croisade pour
la liberté des autres peuples ?

En vain nous parle-t-on de mouvement général,
d'enthousiasme inexprimable, de valeur, de courage et de dévouement. J'ai été témoin de ces
élans sublimes et électrisans de nos troupes fran-
çaises courant vers les champs de Fleurus : bientôt
après j'ai vu le géant abattu, et les cyprès de Waterloo, et la France désolée.

Ah! gardons pour une légitime défense ces
élans généreux qu'inspire l'amour de la patrie ;
c'est à la sauver qu'est attachée la véritable gloire
et l'honneur de son nom. C'est alors que nous
verrons et *sûrement* avec reconnaissance les par-

tisans si zélés de la guerre marcher les premiers
à l'ennemi et donner à la fois le conseil et l'exemple de la discipline et du courage. C'est alors
qu'il faudra s'armer et vaincre....; vaincus, il
faut mourir; la France serait déshonorée, perdue, et le nom français avili.

Non! nous n'avons point à redouter un pareil
malheur : la France est forte. Même dans l'atti-
tude de la paix elle est considérée, elle maintient
l'influence qu'elle doit avoir par son étendue, sa
population, son génie militaire, sa valeur et sa
conduite noble et modérée.

Je suis loin de croire qu'elle puisse accroître
ou conserver cette position honorable, dans le
système de guerre d'attaque auquel on veut forcer le gouvernement. Partisans de la guerre, vous
attireriez infailliblement sur elle toutes les puissances de l'Europe, vous résisteriez peut-être à
leurs efforts ; mais si la victoire est pour elles,
vous auriez mérité les malheurs qui retomberont
sur nous. Ne voulant plus s'exposer aux innova-
tions du libéralisme, nos ennemis useront en
maîtres de tous leurs avantages ; ils frapperont
au cœur notre malheureuse patrie, la diviseront
et effaceront jusqu'aux traces de son ancienne
splendeur : où seront alors cet honneur du nom
français et cette considération que vous voulez *à
tout prix?* Trouverez-vous au milieu des débris de

la France et des terreurs du despotisme une lueur de ces institutions qui, il y a quelques années, eussent comblé vos vœux et dont vous ne prenez pas le temps de goûter les fruits? la France aura disparu et avec elle la liberté.

Qu'aurez-vous gagné à votre zèle indiscret, à ces projets de convertir l'univers au libéralisme, aux menaces que vous faites journellement de détrôner les rois et de substituer la souveraineté du peuple à la puissance absolue ou limitée? Vous avez alarmé au dehors tous les intérêts actuels des puissances, et tous les intérêts du dehors s'armeront contre vous. Vous pouvez vaincre, mais vous pouvez être vaincus : est-il prudent de courir cette chance? le temps aurait fait, tout naturellement et *sans déchirement*, ce que vous voulez faire tout de suite et *par la violence*. L'exemple de la prospérité de la France aurait montré les bienfaits de nos institutions, et la force des choses aurait amené les changemens les plus désirables. Votre précipitation irréfléchie tend à détruire vos espérances et à perdre tout ce que nous avons si péniblement conquis.

Où voulez-vous aller aussi, en soulevant toutes les passions contre notre gouvernement, en cherchant à le décrier par vos attaques journalières, par des imputations aussi méchantes qu'odieuses, en supposant des faits, en les interprétant avec mauvaise foi, en montrant le pouvoir hostile sur tous les points ?.... Où voulez-vous aller ?.... est-ce à la dissolution du gouvernement actuel ?..... Pensez-vous que tous les tourmens que vous suscitez à un prince que vous avez choisi, parce qu'il partageait vos sentimens et vos vœux pour le bonheur et la liberté de la France, ne frappent pas les yeux des princes qui redoutent vos maximes ? Vous leur en montrez les conséquences funestes, et vous les provoquez ainsi à une détermination dont la France peut avoir un jour à souffrir.

Vous voulez détacher la nation de ses habitudes de la monarchie, et établir, *sans secousse*, dites-vous, une République !

Ainsi, vous détruisez un gouvernement connu, éprouvé, dont on aime en général le mode et la direction, et que l'on peut toutefois dégager de quelques imperfections dont on l'accuse, pour adopter et mettre à exécution un autre mode de gouvernement, dont on abhorre même le nom, parce qu'il s'attache à tout ce que la France a souffert d'odieux et de plus horrible ? Êtes-vous bien certain de le faire accueillir, quand vous ignorez même les bases sur lesquelles vous voulez l'établir ?

Ce n'est pas petite chose que de rompre les habitudes d'une nation, et de transposer sa confiance. Savez-vous ce qu'il en coûtera de maux et de sang pour y parvenir? Avez-vous calculé les résistances? et si vous ne réussissez pas, voyez quelles malédictions vous attirez sur vous. Vous aurez ébranlé le gouvernement actuel de manière à le rendre impuissant contre le désordre et les factions, et vous n'aurez pas assis celui que vous vouliez créer.

Ne croyez pas que l'établissement du gouvernement des États-Unis, dont quelques Français ont rêvé, puisse vous donner la confiance d'en établir un semblable en France. L'Amérique était une terre nouvelle, habitée par des hommes nouveaux, qui n'étaient encore façonnés à aucun joug, et tout disposés à se réunir par le besoin de l'ordre et de leur défense personnelle. La plupart de ces hommes fuyaient la nation civilisée qui leur imposait avec violence ses lois et sa religion. Presque tous ces hommes froids, graves et réfléchis, élevés dans les privations de l'exil, de la misère, étaient bien loin de ressembler à nos citadins luxueux, à nos paysans raisonneurs et ignorans, à nos ouvriers vifs, pétulans, hargneux, toujours prêts à se soulever, et intempérans.

Avec de pareils élémens, croyez-vous de bonne foi appliquer aux uns comme aux autres les mêmes lois, les mêmes obligations? Des caractères et des mœurs si différens peuvent-ils être commandés par les mêmes règlemens?..... Non jamais vous ne ferez un puritain d'un Français.

Lors même qu'ils s'assujettiraient aux mêmes lois, avez-vous, nouveaux Lycurgues, la ferme croyance de contribuer, par ce changement, au bonheur de vos concitoyens? Non, vous ne pouvez avoir cette confiance; et dans ce cas vous n'êtes que d'indignes novateurs; nul supplice ne peut assez venger la société des maux que vous lui préparez.

Cessez donc vos alarmes sur les malheurs du peuple français que vous cherchez à exaspérer contre le gouvernement actuel; cessez vos doléances hypocrites sur sa position. Quel remède venez-vous donc offrir à ses maux?..... La guerre à tous les peuples, la révision et le renversement de nos institutions!..... Est-ce avec ces grandes pensées que vous donnerez du pain aux malheureux qui en manquent?

Quelle est donc cette déception d'attribuer les ressources de la vie aux fléaux de l'humanité, de tromper le peuple avec des mots vagues auxquels vous attachez froidement des sentimens d'espérance qui, vous le savez, ne peuvent se réaliser. Quoi! les Français seront plus heureux si la guerre éclate contre tous les peuples voisins! la France travaillera davantage à sa prospérité, dans les commotions politiques qui mettraient son existence même en problème! Vous voulez faire fleurir le commerce et l'industrie, et vous créez des inquiétudes qui les détruisent, vous semez les idées de troubles, vous aspirez à des changemens dans nos institutions, vous entretenez chaque jour le public de la possibilité, de la nécessité de cette subversion politique! Ne vous souvenez-vous donc plus des effets produits par les trois glorieuses journées de juillet? avez-vous oublié les banqueroutes, la suspension de tout commerce, de toute industrie, l'inactivité des manufactures, les secousses qu'a éprouvées le crédit public, au dedans et au dehors, la classe ouvrière au désespoir? et deux ans après cet exemple des résultats funestes d'une révolution rendue nécessaire et désirée, vous osez proposer encore un nouveau changement! C'est de sang froid et par système que vous troublez la tranquillité du pays, sans laquelle tout languit et meurt, vous tenez en alarmes toutes les classes de citoyens. Ils sentent déjà la terre frémir sous leurs pas, et vous leur annoncez avec une joie cruelle l'éruption d'un volcan qui doit tout engloutir; vous cherchez à en hâter l'époque, vous l'appelez de tous vos vœux..... et vous êtes les amis du pays, les sauveurs de la France! Non.... votre affection n'est qu'un mensonge, votre patriotisme un leurre, votre pitié pour les malheurs du peuple, une insultante hypocrisie, et soit que vous vouliez le tromper ou que vous soyez vous-mêmes dans l'erreur, vous n'en êtes pas moins ses plus cruels ennemis.

Vous savez mieux que moi quelle est la fragilité des institutions humaines; n'en augmentons pas la variabilité par nos efforts indiscrets et dangereux. Les empires les plus robustes ont succombé; des républiques se sont formées pour être bientôt opprimées par un pouvoir despotique; celles d'Athène, de Sparte, etc., sont tombées sous le joug des tyrans; Rome, si pleine de vie, a connu ses Tarquins, son sénat anti-populaire et ses Nérons; les Provinces-Unies ont été envahies par un Stathouder, et la république des États-Unis qui grandit en population, grandit aussi par ses vices. Chaque année hâte la séparation des états fédératifs. Soumis à l'influence des passions, régis par des règlemens divers et opposés, rivaux presque jusqu'à l'inimitié, ils en sont à se liguer contre la réunion dont les liens, cependant, sont leur seule force; et bientôt un homme paraîtra qui, profitant des discordes et d'une grande influence qu'il se sera ménagée, élèvera son trône sur les ruines de cette fameuse république qu'on nous offre pour modèle.

Laissez-nous donc jouir du gouvernement qui

nous présente le plus de chances de bonheur et de stabilité, et puisque dans les mouvemens d'une ame noble, d'un esprit élevé et prévoyant, quelques novateurs proclament avec J.-J. Rousseau, qu'il faut *renoncer à une révolution qui coûterait une goutte de sang*, évitons d'en faire verser encore pour atteindre à réaliser une perfection imaginaire.

Ce n'est pas la peine de changer le beau royaume de France en gouvernement démocratique, pour qu'il vienne bientôt peut-être, au milieu de quelques convulsions, être dominé par un vil tyran. Qui peut assurer au reste que cette république perfectionnée ne soit pas elle-même un foyer de discordes et de malheurs, comme il est arrivé à beaucoup d'autres? Les chefs de cette république (car il faut des chefs, les novateurs le savent bien), ces chefs dont nous ne manquerons pas seront-ils toujours dans la ligne qu'ils savent indiquer, et ne seront-ils pas pires que les princes à qui ils auraient donné la retraite? Le pouvoir change les hommes, et l'on va jusqu'à croire qu'un membre de l'opposition devenu ministre ne se ressemblerait plus.

Au reste, Français, quelque nouveaux maîtres que l'on vous donne, vous en serez les très-humbles serviteurs et probablement les victimes; et soit que l'on vous gratifie de la république des

États-Unis, de celle de Venise, de celle de la Suisse, ou de celle de *ce brave Monsieur de Robespierre qui a eu la bonté de nous donner l'Être-Suprême*, croyez bien que vous ne serez ni plus librês, ni plus heureux, ni moins pauvres, ni moins opprimés. Ce sera toujours la même chose, mais *ce ne seront pas les mêmes hommes.* (Notez bien cette dernière partie sur la vérité de laquelle beaucoup de nos républicains ont beaucoup réfléchi.) Il n'en sera pas moins clair pour moi comme pour vous qu'il vaut mieux n'avoir qu'un chef stable, intéressé à tout conserver, que quatre cents directeurs, qui, sous le prétexte d'amélioration, marchent de destruction en destruction, et s'entre-déchirent pour se succéder, comme nous l'avons expérimenté.

La France dira aux dépens de qui se fera ce mouvement des novateurs, dont la devise passée, présente et future, a toujours été et sera toujours la même. Sur le côté ostensible de leurs drapeaux, on lit en gros caractère BIEN PUBLIC, AMÉLIORATION, et sur le revers, en lettres qui ne se lisent qu'en les trempant dans le sang, OTE TOI DE LA QUE JE M'Y METTE.

I

PARIS, IMPRIMERIE DE P. DUPONT ET LAGUIONIE.

Objets traités dans cette Brochure.

Présidence du conseil par le Roi.

Chambre des Pairs.

L'état de siége.

Système du 13 mars.

Guerre.

Propagande.

Révision.

Destruction de la Monarchie.

République.

www.ingramcontent.com/pod-product-compliance
Ingram Content Group UK Ltd.
Pitfield, Milton Keynes, MK11 3LW, UK
UKHW022239070726
13613UKWH00005B/2013